Dieses Buch gehört:

_____

Der Bücherbär
1. Klasse

Liebe Eltern,

jedes Kind ist anders. Manche Kinder kennen bereits alle Buchstaben in der Vorschule und können erste Wörter lesen. Andere Kinder lernen das Abc in der Schule. Für das spätere Leseverhalten ist es jedoch völlig unerheblich, wann die Kinder das Alphabet meistern. Wichtig aber ist der Spaß am Lesen – von Anfang an. Deshalb ist das Bücherbär-Erstleserprogramm konzeptionell auf die Fähigkeiten und Bedürfnisse der Kinder abgestimmt.

Dieses Buch richtet sich an Leseanfänger in der 1. Klasse. Die besonders übersichtlichen Leseeinheiten und kurzen Zeilen sind ideal zum Lesenlernen. Das Hervorheben der Sprechsilben in Dunkelblau/Hellblau hilft dabei, ein Wort richtig zu lesen und zu verstehen. So können Leseanfänger jede Sprechsilbe erkennen: Idee, Radio. Zusätzlich regen lustige Rätsel und Verständnisfragen zum Nachdenken und zum Gespräch über die Geschichten an. Denn Kinder, die viel Gelegenheit zum Sprechen haben, lernen auch schneller lesen.

Ihr Bücherbär

Empfohlen von Westermann

Christian Loeffelbein

Fußballgeschichten

Mit Silbentrennung, Bilder- und Leserätseln

Bilder von Igor Lange

Christian Loeffelbein
wurde in Kiel geboren und hat in seiner Heimatstadt Literaturwissenschaft und Germanistik studiert. Inzwischen wohnt er in Hamburg und denkt sich Geschichten und Romane für Kinder und Jugendliche aus.

Igor Lange,
geboren 1986, studierte in Münster Design mit dem Schwerpunkt Illustration. Schon in den ganz jungen Jahren malte der kleine Igor auf den Tischen oder Wänden. Eigene Geschichten, Superhelden und Abenteuer sollten es sein. Bloß keine Langeweile. Heute sind es Bücher und keine Wände. Der Traum wurde zum Beruf, doch ein Stück Kind ist er immer noch geblieben.

6. Auflage 2024
© Arena Verlag GmbH 2020
Rottendorfer Straße 16, 97074 Würzburg
Alle Rechte vorbehalten
Einband und Illustrationen: Igor Lange
Gesamtherstellung: Westermann Druck Zwickau GmbH
ISBN 978-3-401-71535-3

Inhaltsverzeichnis

Der Knipser   10

Ein wichtiges Spiel   19

Die Mannschaft   27

Das große Turnier   33

Lösungen   43

In den Geschichten spielen mit:

der Trainer*

* sprich: Träner

Paul

Pauls Bruder Benn

Kapitän Finn

Schwierige Wörter im Text:

die Mannschaft

die Fans*
*sprich: Fäns

das Foul*
* sprich: Faul

die Umkleidekabine

der Tornado

der Bolzplatz

Der Knipser

Pauls Herz schlägt
so schnell wie noch nie.
Er wartet auf das Signal des Trainers.
Jetzt muss er sich beweisen.
Ist er wirklich gut genug
für den Verein seiner Träume?

Gleich wird er
auf dem Rasen sein …
Und dann geht es
tatsächlich los.

Er schlägt einen Haken
und kommt an den Ball.
Paul rennt über den Platz.

Er fühlt sich so gut
wie noch nie.
Viel zu schnell ist das Spiel vorbei.
Paul platzt fast vor Stolz.
„Das war wohl nichts",
sagt der Trainer.
Paul sackt in sich zusammen.

„Viel zu unkonzentriert. Nie da, wo du gebraucht wurdest", erklärt der Trainer.

Damit hat Paul nicht gerechnet. Allein steht er neben dem Platz.

Da schlurft ein alter Mann
an ihm vorbei.
Der Mann brummt:
„Nicht aufgeben.
Ich kann mich
an meine Niederlagen erinnern.
Nicht an meine Siege."

Was soll das denn heißen?,
fragt sich Paul wütend.
Er ist so traurig,
dass er anfängt zu weinen.
„Ich will nie wieder
Fußball spielen",
sagt er zu seinem Vater.

„Weißt du, wer das war?",
fragt sein Vater.
„Hä?", macht Paul.
„Der alte Mann gerade.
Das war Klaus Mahlke",
erklärt Pauls Vater.
„Der große Mahlke?",
fragt Paul ungläubig.

Der Knipser der Bundesliga?
Bis heute hat keiner
mehr Tore geschossen als er.
Paul denkt nach.
Er schaut
seinen Vater an und sagt:
„Morgen trainiere ich weiter.
Gleich nach dem Aufstehen."

Warum will Paul
doch weitertrainieren?

Welcher der Bäl**le** geht ins Tor?

Ein wichtiges Spiel

Paul muss trainieren!
Bald ist ein wichtiges Spiel.
Aber niemand
von Pauls Freunden hat Zeit.
„Wir trainieren mit dir!", ruft
Pauls kleiner Bruder Benn.
Er und drei seiner Freunde
hüpfen auf den Bolzplatz.

„Das bringt mir nichts",
sagt Paul.
Benn schaut traurig
auf den Ball.
Paul kickt den Ball
mit dem linken Fuß
in die Luft.

Dann fängt er ihn
mit dem rechten Fuß
wieder auf.
Die kleinen Jungen staunen.
Plötzlich dreht Paul sich um.
„Kommt!", ruft er.
„Ich zeige euch,
wie das geht."

Begeistert stürmen die vier
Freunde zu Paul.
Benn schnappt sich den Ball.
„Erst musst du uns kriegen!",
ruft Benn.
„Kein Ding", behauptet Paul.
Er sprintet los.

Aber Benn schlägt
einen Haken.
Paul springt sofort hinterher.
Doch der Ball ist jetzt
bei einem
der anderen Jungen.
Paul wirbelt herum.
Er ist schnell wie der Wind.

Aber die vier Minis
sind ein Tornado.
Erst zehn Minuten später
hat Paul den Ball zurückerobert.
Die vier kleinen Jungen lachen.
Paul lacht mit.

„Du bist nicht sauer?",
fragt Benn.
Paul schüttelt den Kopf
und sagt:
„Das war ein super Training!
Schlag ein!"

Warum war es ein gutes Training?

Wer gehört nicht zur Mannschaft?
Schau genau!

Die Mannschaft

„Heute bist du
von Anfang an dabei",
sagt der Trainer zu Paul.
Stolz geht Paul zu Finn,
dem Kapitän der Mannschaft.
Dann laufen sie
gemeinsam mit den anderen
auf den Platz.

Paul dribbelt so gut
wie noch nie.
Kein gegnerischer Spieler
kann ihn vom Ball trennen.
Und er schießt drei Tore!
Beim Abpfiff hebt der Trainer
den Daumen.
Super gemacht!

Aber in der Umkleidekabine
sagt das keiner zu ihm.
Im Gegenteil.
Kevin rempelt ihn
beim Rausgehen an.
Traurig und verwirrt sitzt
Paul allein auf der Bank.
Da kommt Finn zurück.

Er erklärt Paul:
„Die anderen sind sauer,
weil du den Ball
nie abgegeben hast.
Deine beiden letzten Treffer
waren nur Glück.
Kevin und Max hätten viel besser
schießen können."

Paul sieht zu Boden.
„Komm", sagt Finn.
„Wir feiern jetzt unseren Sieg.
Der Trainer lädt uns ein.
Die große Grillplatte schaffen
wir doch auch nur,
wenn wir alle zusammenhalten!"

Was hat Paul
beim Spielen vergessen?

Was braucht man nicht für ein Fu**ball**spiel?
Krei**se** ein.

Das große Turnier

„Noch zwei Minuten!",
schreit Finn.
„Die wechseln Ali ein.
Den kenne ich,
der gibt uns den Rest!",
brüllt Kevin.

Neben Paul schreit Max
vor Schmerzen auf.
Schon zum dritten Mal
wurde er gefoult.
Aber schlimmer als die Fouls
sind die gegnerischen Fans.
„So seh'n Sieger aus!",
johlen sie.

Und damit meinen sie nicht
die Jungs vom FC Rehberg.
„Wir schaffen das!", sagt Paul.
Kevin schaut ihn verwundert an.
Paul erklärt:
„Wir spielen über links.
Finn übernimmt Ali,
und du machst ihn rein."

Kevins Augen glitzern.
Paul gibt Finn ein Zeichen
und läuft zu Max.
„Wir schaffen das",
sagt Paul.
Max schüttelt den Kopf.
Aber dann geht ein Ruck
durch seinen ganzen Körper.

Paul rennt los.
An der Mittellinie
kommt er an den Ball.
Er rennt weiter
und sieht Kevin
etwas weiter rechts.
Dann sieht Paul das Tor.
Er könnte es selbst machen.

Mit links abziehen,
und der Ball wäre drin.
Aber dann denkt Paul
an das Glitzern
in Kevins Augen.
Er spielt einen Querpass.
Ali kommt angerannt
und will Kevin aufhalten.

Doch der ist schneller.
Kevin dreht sich.
Ein Schlenzer oben links ins Eck.
Unhaltbar.
Der Ball ist drin.
Plötzlich ist es ganz still
im Stadion.
Dann bricht der Jubel los.

Doch jetzt sind es
Paul und seine Mannschaft,
die johlen.
Sie haben gewonnen!

Wer hat das Siegtor geschossen?

Im unteren Bild haben sich sechs Fußbälle versteckt. Finde sie und kreise sie ein.

Lösungen

S. 17: Weil er verstanden hat, dass man aus Niederlagen viel lernen kann und dadurch besser wird.

S. 18:

S. 25: Weil Benn und seine Freunde starke Gegner waren.

S. 26:

S. 31: Fußball spielt man gemeinsam als Mannschaft.

S. 32:

S. 40: Kevin hat das Siegtor geschossen.

S. 41:

Der Bücherbär
1. Klasse

Themengeschichten mit Silbentrennung

Die kleine Eulenhexe
Lustige Abenteuergeschichten
978-3-401-71735-7

Ponygeschichten
978-3-401-71568-1

Schulgeschichten
978-3-401-71563-6

Missi Moppel
Krimigeschichten
978-3-401-71668-8

Jeder Band: Ab 6 Jahren • Themengeschichten mit Silbentrennung • Durchgehend farbig illustriert • 48 Seiten • Gebunden • Format 17,5 x 24,5 cm

- Einfache Geschichten mit kurzen Zeilen
- Große Fibelschrift und Zeilentrennung nach Sinneinheiten
- Mit Silbentrennung
- Viele farbige Bilder

Innenseite aus »Die kleine Eulenhexe« ISBN 978-3-401-71735-7

Diese Reihe ist auf die Fähigkeiten von Leseanfängern abgestimmt: Übersichtliche Leseeinheiten und kurze Zeilen sind ideal zum Lesenlernen. Das Hervorheben der Sprechsilben hilft dabei, ein Wort richtig lesen und verstehen zu können.

Empfohlen von *westermann*